SELBSTVERTRAUEN FÜR MANAGER

SELBSTVERTRAUEN FÜR MANAGER

Serie " Management-Fähigkeiten für Führungskräfte "
von: D.K. Hawkins
Version 1.1 ~September 2021
Veröffentlicht von D.K. Hawkins bei KDP
Copyright ©2021 von D.K. Hawkins. Alle Rechte vorbehalten.

Kein Teil dieser Publikation darf ohne vorherige schriftliche Genehmigung der Herausgeber in irgendeiner Form oder mit irgendwelchen Mitteln, einschließlich Fotokopien, Aufzeichnungen oder anderer elektronischer oder mechanischer Methoden oder durch ein Informationsspeicher- oder -abrufsystem, vervielfältigt, verbreitet oder übertragen werden, mit Ausnahme sehr kurzer Zitate in kritischen Rezensionen und bestimmter anderer nichtkommerzieller Verwendungen, die nach dem Urheberrecht zulässig sind.

Alle Rechte vorbehalten, einschließlich des Rechts auf vollständige oder teilweise Vervielfältigung in jeder Form.

Alle Angaben in diesem Buch wurden sorgfältig recherchiert und auf ihre sachliche Richtigkeit überprüft. Der Autor und der Herausgeber übernehmen jedoch keine Garantie, weder ausdrücklich noch stillschweigend, dass die hierin enthaltenen Informationen für jede Person, jede Situation oder jeden Zweck geeignet sind, und übernehmen keine Verantwortung für Fehler oder Auslassungen.

Der Leser übernimmt das Risiko und die volle Verantwortung für alle Handlungen. Der Autor kann nicht für Verluste oder Schäden verantwortlich gemacht werden, die sich aus den in diesem Buch enthaltenen Informationen ergeben könnten.

Alle Bilder sind frei verwendbar oder von Stockfoto-Websites erworben oder lizenzfrei für die kommerzielle Nutzung. Ich habe mich bei der Erstellung dieses Buches auf meine eigenen Beobachtungen sowie auf viele verschiedene Quellen gestützt, und ich habe mein Bestes getan, um die Fakten zu überprüfen und die Quellen zu nennen, wo es angebracht ist. Sollte Material ohne entsprechende Erlaubnis verwendet worden sein, kontaktieren Sie mich bitte, damit das Versehen korrigiert werden kann.

Die in diesem Buch enthaltenen Informationen dienen nur zu Informationszwecken und sind nicht als Quelle für Ratschläge oder Kreditanalysen in Bezug auf das dargestellte Material gedacht. Die in diesem Buch enthaltenen Informationen und/oder Dokumente stellen keine Rechts- oder Finanzberatung dar und sollten niemals ohne vorherige Rücksprache mit einem Finanzfachmann verwendet werden, um festzustellen, was für Ihre individuellen Bedürfnisse am besten geeignet ist.

Der Herausgeber und der Autor geben keine Garantie oder andere Versprechen hinsichtlich der Ergebnisse, die durch die Verwendung des Inhalts dieses Buches erzielt werden können. Sie sollten niemals eine Anlageentscheidung treffen, ohne vorher Ihren eigenen Finanzberater zu konsultieren und Ihre eigenen Nachforschungen und Sorgfaltsprüfungen durchzuführen. Soweit gesetzlich zulässig, lehnen der Herausgeber und der Autor jegliche Haftung für den Fall ab, dass sich die in diesem Buch enthaltenen Informationen, Kommentare, Analysen, Meinungen, Ratschläge und/oder Empfehlungen als ungenau, unvollständig oder unzuverlässig erweisen oder zu Investitions- oder anderen Verlusten führen.

Der in diesem Buch enthaltene oder zur Verfügung gestellte Inhalt stellt keine Rechts- oder Anlageberatung dar, und es entsteht keine Beziehung zwischen Anwalt und Mandant. Der Herausgeber und der Autor stellen dieses Buch und seinen Inhalt auf der Basis "wie besehen" zur Verfügung. Die Nutzung der Informationen in diesem Buch erfolgt auf eigene Gefahr.

INHALTSVERZEICHNIS.

INHALTSVERZEICHNIS. 4

EINFÜHRUNG. 6

KAPITEL 1 12

    Vertrauen in sich selbst als Manager und in den Arbeitsplatz. 12

KAPITEL 2 23

    Eine zuversichtliche Haltung als Manager entwickeln. 23

KAPITEL 3 33

    Entwicklung von Selbstvertrauen und Intelligenz. 33

KAPITEL 4 39

    Selbstvertrauen und Führungsqualitäten entwickeln. 39

KAPITEL 5 45

    Selbstvertrauen stärken - Übungen zur Stärkung des Selbstbewusstseins. 45

KAPITEL 6 51

    Führungsqualitäten tragen zu Selbstvertrauen und Selbstwertgefühl bei. 51

KAPITEL 7 63

    Selbstvertrauen-Power-Listen für starke Führung. 63

KAPITEL 8 69

    Bedeutende Schritte auf dem Weg zum Selbstvertrauen. ... 69

SCHLUSSFOLGERUNG. 75

EINFÜHRUNG.

Als Führungskraft können Ihr Selbstwertgefühl und Ihr Selbstvertrauen den Unterschied ausmachen zwischen der Fahrt auf der Überholspur zum Erfolg und dem Sitzen im Beiwagen nach Nirgendwo.

Unabhängig davon, wie gut Ihre Ausbildung, Ihre formale Bildung oder Ihre taktischen Talente sind, wenn Sie kein Selbstvertrauen haben, wird es Ihnen auch an der Fähigkeit fehlen, anderen Vertrauen einzuflößen. Man muss das Vertrauen anderer gewinnen, um auf der unternehmerischen und geschäftlichen Erfolgsleiter aufzusteigen.

Und nun die gute Nachricht! Selbstvertrauen kann in jedem Interessenbereich entwickelt werden. Auch wenn es Zeit, Geduld, Übung und Bewusstheit erfordert, entwickeln Menschen täglich Selbstvertrauen. Oft sind wir uns nicht bewusst, dass wir es tun.

Die Entwicklung von Selbstvertrauen ist ähnlich wie die Entwicklung der Muskeln. Man fängt vorsichtig an, macht kleine Schritte und treibt sich selbst jedes Mal ein bisschen weiter, bis man schließlich das Ziel erreicht, eine bestimmte Aufgabe kompetent zu bewältigen.

Wenn es Ihnen an Selbstvertrauen im Umgang mit Menschen mangelt, sollten Sie zunächst einmal aufschreiben, wo Sie sich sicher fühlen und wo nicht. Sobald Sie Ihre Schwachstellen erkannt haben, schreiben Sie auf, was Sie tun müssten, um sich in diesen Bereichen sicher zu fühlen.

Benötigen Sie eine zusätzliche Ausbildung?

Benötigen Sie zusätzliche Übung?

Liegt dies wirklich in Ihrem Kompetenzbereich?

Sobald Sie herausgefunden haben, was Sie tun müssen, können Sie eine Strategie entwickeln, um die Fähigkeiten, Aufgaben oder Übungen, die Sie Ihrer

Meinung nach benötigen, zu erwerben. Wenn Sie diese Aufgabe erledigen, werden Sie sehen, dass es Schritte gibt, die Sie unternehmen können. Nichts ist verloren, und Sie sind nicht verpflichtet, darunter zu leiden, es zu tolerieren oder sich dafür zu schämen.

Dieses Wissen wird Ihnen helfen, Ihr Selbstwertgefühl und Ihr Selbstvertrauen zu stärken. Denn anstatt sich selbst und Ihre Talente als unzulänglich zu empfinden, werden Sie entdecken, dass Sie Ihre Leistung mit Ihren neuen und einzigartigen Werkzeugen verbessern können.

Planen Sie nun, wie Sie die neuen Fähigkeiten und Werkzeuge, die Sie benötigen, erwerben werden. Teilen Sie die Dinge in überschaubare Abschnitte ein, damit das große Ziel nicht überwältigend erscheint. Erstellen Sie dann einen Plan, wie Sie die einzelnen Etappen bewältigen. Mit jedem Schritt, den Sie tun, stärken Sie Ihren Selbstvertrauensmuskel.

Während Sie daran arbeiten, dauerhaftes Vertrauen in Ihre Talente zu entwickeln, gibt es einige einfache Möglichkeiten, Ihre Stimmung, Ihre

Denkweise und Ihr inneres Gefühl des Vertrauens zu verändern.

Wenn Sie an einer Präsentation oder einem Projekt arbeiten, gönnen Sie sich zusätzliche Zeit für die Vorbereitung. Wenn Sie den Inhalt, den Sie präsentieren, oder die Besonderheiten eines Projekts, an dem Sie arbeiten, verstehen, steigert das sofort Ihr Selbstwertgefühl, Ihr Selbstvertrauen und Ihre Kompetenz. Dies wird sich auch im Umgang mit Ihrem Team und Ihren Vorgesetzten bemerkbar machen.

Konzentrieren Sie sich auf Ihre Fortschritte. Machen Sie eine Liste mit allen Dingen, die Sie in den letzten 90 Tagen und im vergangenen Jahr bei der Arbeit erreicht haben. Notieren Sie neben jeder Leistung, auf die Sie wirklich stolz sind. Notieren Sie alle positiven Bemerkungen oder Dankesbekundungen Ihrer Teamkollegen oder Vorgesetzten zu diesen Leistungen.

Notieren Sie auch alle Aktivitäten, bei denen Sie sich unzureichend fühlten. Überlegen Sie, was Sie beim nächsten Mal tun, lernen oder ändern könnten, um eine positive oder positive Reaktion hervorzurufen. Es ist von Vorteil, wenn es Bereiche gibt, in denen Sie sich verbessern können! Es ermöglicht Ihnen, weiter zu wachsen und sich zu verbessern.

Denken Sie daran, dass Selbstvertrauen Ihr Vertrauen in Ihr endgültiges Potenzial ist, eine bestimmte Tätigkeit auszuführen. Beginnen Sie also damit, die Messlatte für sich selbst allmählich höher zu legen. Melden Sie sich zu einem Kurs an, in dem Sie lernen, wie Sie eine neue Aufgabe im Zusammenhang mit Ihrer beruflichen Rolle ausführen.

Erkundigen Sie sich nach der Möglichkeit, jemandem, der Ihr Fachwissen braucht, als beruflicher Mentor zu dienen. All diese Maßnahmen werden Ihr Selbstvertrauen stärken, Ihre Fähigkeiten unter Beweis stellen und Ihnen neue Fertigkeiten vermitteln. Wahre Lebenserfüllung beginnt mit der

Entwicklung von Selbstwertgefühl und Selbstvertrauen. Als Führungskraft können Sie Ihr Leben, Ihre Karriere und Ihre Träume verwirklichen.

Sind Sie bereit? Lassen Sie uns beginnen

KAPITEL 1

Vertrauen in sich selbst als Manager und in den Arbeitsplatz.

Das Selbstvertrauen befindet sich in der prekären Zone zwischen einem beschädigten Selbstwertgefühl und einem arroganten Ego - Ihr Selbstvertrauen ist wichtig. Jahrelange Erfahrung hat mir gezeigt, dass erfolgreiche Menschen der Meinung sind, dass die ausdrücklich positiven Handlungen, Verhaltensweisen und Ergebnisse von Personen, mit denen sie gearbeitet oder die sie erlebt haben, ihr Selbstvertrauen erheblich gestärkt haben.

Wenn das stimmt, dann haben wir als Führungskräfte die Pflicht, unser Selbstvertrauen zu kontrollieren und - was noch wichtiger ist - andere dazu zu inspirieren, dasselbe zu tun. Meiner Erfahrung nach fehlt es vielen Menschen an dem für eine erfolgreiche Haltung notwendigen Selbstvertrauen.

Sie sind in der Tat viel empfindlicher, als wir vielleicht glauben. Es handelt sich um eine Haltung des "Nicht-Könnens" und nicht des "Könnens", die leider durch weit mehr negative als positive Einflüsse geprägt wird.

Ich würde behaupten, dass ein gesundes Selbstvertrauen eine notwendige Komponente für Leistung und Erfolg ist. Selbstvertrauen wird gemeinhin als ein geistiger Zustand definiert, in dem man in Bezug auf ein aktuelles Denken oder eine Situation selbstbewusst ist. Man könnte es auch als einen emotionalen Geisteszustand oder als den Glauben an die eigene Erfolgsfähigkeit bezeichnen.

Personen mit Selbstvertrauen können die Kontrolle über Bedingungen oder Umstände ausüben, anstatt von ihnen beherrscht zu werden. Infolgedessen kann es dazu beitragen, Ängste oder ungerechtfertigte und unerwünschte Sorgen abzubauen. Noch wichtiger ist, dass es dazu beitragen kann, klare Erwartungen für günstige Ergebnisse zu schaffen.

Ich schlage den folgenden Gedanken vor: Selbstvertrauen wird erworben. Ihr Selbstvertrauen ist einzigartig. Sie sollten es bewahren und weiter ausbauen, auch wenn das bedeutet, dass Sie mit Ihrem Spiegelbild ein Gespräch von Angesicht zu Angesicht führen müssen. Ich kann Ihnen nicht versprechen, dass es nicht auch Phasen starken Drucks erleben wird, aber die Fähigkeit, es zu kontrollieren, liegt in Ihnen.

In der Tat können Sie lernen, Ihr Selbstvertrauen zu nutzen, um Ihre Mitmenschen zu übertreffen. Der Glaube an sich selbst verschafft Ihnen einen Vorteil gegenüber denjenigen, die nicht dieselben positiven Gedanken vorleben können.

Das bedeutet, dass Sie das Gefühl haben können, in jeder Situation die Kontrolle zu haben, unabhängig davon, wer um Sie herum ist. Dies setzt natürlich voraus, dass Sie bereit sind, alle erforderlichen Anstrengungen zu unternehmen, um die anstehende Aufgabe zu bewältigen.

Ihr Selbstwertgefühl ist die Grundlage sowohl für Ihren persönlichen als auch für Ihren beruflichen Erfolg. Lassen Sie sich Ihr Selbstvertrauen niemals von anderen nehmen. Es gehört Ihnen, und nur Sie können zulassen, dass andere Ihr Selbstvertrauen untergraben.

Individuen gibt es auf allen Ebenen einer Organisation. Nur gesellschaftliche Regeln, Erfahrung und Unternehmensführung haben bestimmten Personen besondere Privilegien verliehen, wie z. B. privilegierte Informationen, Titel, Eckbüros und Vergünstigungen für Führungskräfte.

Infolgedessen haben einige von ihnen tatsächlich oder vermeintlich Einfluss oder eine Autoritätsposition erlangt, oder sie wurden mit dem Wissen oder der Macht ausgestattet, die Ihnen oder ihrer Meinung nach Autorität über Sie verleiht. In Wirklichkeit haben sie die Welt auf die gleiche Weise betreten und werden sie auf die gleiche Weise verlassen - mit einem ersten und einem letzten Atemzug.

Was der Einzelne erfahren und gelernt hat und wie er das Gelernte einsetzt, bestimmt seine Stellung gegenüber anderen. Ich weiß, dass ich unabhängig von Status, Funktion oder Titel sowohl ein hohes als auch ein niedriges Maß an Selbstvertrauen beobachtet und erlebt habe.

Schon sehr früh in meiner Laufbahn hatte ich die Gelegenheit, eine persönliche Beziehung zum Präsidenten des Unternehmens aufzubauen. Einmal war ich mit ihm auf einem See in der Nähe seines Sommersitzes Kanu fahren. Ich bemühte mich, bei all meinen Bemühungen sehr genau zu sein.

Meine Konversation war steif und unruhig und bestand hauptsächlich aus "Ja, Sir, nein, Sir, drei Säcke voll, Sir". Als wir uns dem Steg näherten, stieß er mich in den See, und er stieg aus dem Kanu. Mit einem freundlichen Lächeln bot er mir seine Hand an, um mir aus dem Wasser zu helfen, und erinnerte mich beiläufig daran, dass er, wie alle anderen auch, Spaß haben wollte.

Diese Lektion werde ich nie vergessen; dieses Gespräch vermittelte mir ein Selbstvertrauen, das mir für den Rest meiner Jahre erhalten blieb. Ich lernte, wie man mit Menschen umgeht, die älter sind als ich. Ich behandle meine Mitarbeiter zwar mit dem Respekt, den sie verdienen oder verdient haben, aber in Wirklichkeit sind sie genau wie du und ich.

Jeder von uns verdient und sollte sich ein angemessenes Maß an persönlichem Respekt verdienen. Überlegen Sie, wie Ihre Interaktionen und Beobachtungen mit anderen auf Ihrem Weg zum Erfolg Ihr Lernen und die Entwicklung Ihres Selbstbewusstseins erheblich beeinflussen können.

Management nach oben.

Ihr gestärktes Selbstvertrauen wird für den Umgang mit älteren Menschen entscheidend sein. Diese werden es bald bemerken, sich in Ihrer Nähe wohler fühlen und Ihre Fähigkeiten unabhängig von den Umständen respektieren. Es ist möglich, dass die Führungskräfte selbst in einigen Bereichen unsicher sind oder zu wenig wissen.

Wie vorhergesagt, kann von Führungskräften nicht erwartet werden, dass sie auf jedem Gebiet Spezialisten sind. Ihr Selbstwertgefühl wird eine ständige Abhängigkeit von Ihnen ermöglichen. Sie werden Ihnen gegenüber eine Wertschätzung entwickeln, die sich aus dem Wert ergibt, den Sie zum Arbeitsplatz beitragen.

Sie werden feststellen, dass sie Ihnen in dem Maße, wie ihr Vertrauen in Sie wächst, wahrscheinlich zusätzliche Aufgaben übertragen werden. Es kann sein, dass sie Ihre Fähigkeiten oder Ihre persönliche Motivation für eine bestimmte Arbeit nicht immer richtig erkennen oder einschätzen können. Infolgedessen müssen Sie ihnen dies mitteilen, um die Aufgabe ordnungsgemäß zu erledigen.

Eine wichtige Fähigkeit, die Sie entwickeln müssen, ist die Fähigkeit, sich selbst zu managen, wenn Sie Ihre wahre Sicherheit und Ihr Verständnis entdecken. Dieses Selbstvertrauen wird sich in Ihnen manifestieren. Es kann sogar der entscheidende Faktor für Ihren Erfolg sein.

Gleichzeitig können Sie damit ein Vorbild für andere Mitarbeiter sein, die ihre Karriere vorantreiben wollen.

Oft habe ich versucht, meine Mitarbeiter zu führen oder ihnen als Coach zu dienen. Ich habe ihnen zum Beispiel Tipps gegeben, wie sie Dinge besser machen können, oder Alternativen vorgeschlagen, die in früheren ähnlichen Fällen gut funktioniert haben.

Eine der einfachsten Vorgehensweisen besteht darin, sie zu fragen, wie sie den Verlauf der Dinge empfinden oder wie sie etwas anders gemacht hätten. Gelegentlich würde ich sie fragen, ob sie für einen anderen Ansatz offen sind, und ihnen attraktive Optionen zur Auswahl lassen. Mit der Zeit und dem entsprechenden Maß an Respekt werden Führungskräfte oft auf Sie zukommen - eine ungemein lohnende Erfahrung.

Management nach unten.

Wenn Sie mit Ihren Mitarbeitern interagieren, wird Ihr Selbstvertrauen als Leuchtturm für deren unerschütterliches Vertrauen in Sie als Führungskraft dienen; wenn Ihr Vertrauen in ein bestimmtes Thema wächst, wird auch ihr Vertrauen wachsen. Wenn Sie es vernachlässigen, werden Sie in Frage gestellt.

Erlauben und ermutigen Sie Ihre Mitarbeiter, Ideen einzubringen - insbesondere solche, die besser sind als Ihre eigenen. Ermutigen Sie sie, ihr Bestes zu geben, und seien Sie offen dafür, dass einige von ihnen möglicherweise schneller vorankommen als Sie.

Indem Sie dieses Verhalten fördern, zeigen Sie den Kindern, dass auch sie mehr Erfolg haben können, als sie sich je vorstellen konnten. Außerdem werden sie Sie dafür bewundern, dass Sie diesen Ansatz fördern. Versuchen Sie nicht, anzunehmen oder zu interpretieren, was der Einzelne will, denn damit verschließen Sie sich einer Welt, von der sie nicht wissen, dass sie existiert.

Als Führungskraft ist es Ihre Aufgabe, einen offenen Arbeitsplatz zu fördern und die Erkundung der Welt, die Ihnen zur Verfügung steht, anzuleiten. Was ist das Ergebnis? Sie haben Vertrauen in Ihre Mitarbeiter, sie haben Vertrauen in Sie, und sie haben Vertrauen in sich selbst. Sie haben eine kraftvolle Energie erzeugt, die ihren und Ihren Erfolg beflügeln wird!

Übergreifendes Management.

Für die Führung Ihrer Kollegen gelten dieselben Grundsätze wie für die Führung von oben oder unten. Sie werden unter die Lupe genommen und beobachtet. Das Klima ist sowohl von Zusammenarbeit als auch von Wettbewerb geprägt, und derjenige, der das meiste Selbstvertrauen hat, kommt oft weiter als seine Freunde.

Beschaffen Sie sich Informationen oder Fakten, schätzen Sie das Problem realistisch ein, setzen Sie sich und anderen akzeptable Ziele und bitten Sie um die Unterstützung von Personen, die das Ergebnis positiv beeinflussen können.

Ein selbstbewusstes Führungsteam wird die Kultur einer Organisation bestimmen, eine Kultur des Selbstbewusstseins! Dies ist eine Kultur, die mehr nachfragt als anweist und mehr belohnt als bestraft.

Wenn Sie lernen, Ihr Selbstvertrauen anzunehmen und zu nutzen, kann es ein hervorragendes Instrument sein, das Sie auf dem Weg zu Ihren persönlichen und beruflichen Zielen voranbringt. Doch ein Wort der Vorsicht: Vermeiden Sie es, ungezügeltes Ego mit kontrolliertem oder wahrgenommenem Selbstvertrauen in sich selbst und andere zu verwechseln.

Ich habe aus erster Hand erfahren, dass das Selbstvertrauen einer Führungskraft auf zwei sich ergänzende Arten entwickelt werden sollte: das eigene Selbstvertrauen zu erhalten und zu stärken und es bei denjenigen zu wecken, die sie führen. Der Führungserfolg auf der Managementebene sollte nicht nur durch die Führungskraft bestimmt werden, sondern auch durch das Vertrauen derjenigen, denen gegenüber die Führungskraft rechenschaftspflichtig ist.

KAPITEL 2

Eine zuversichtliche Haltung als Manager entwickeln.

Ist Ihnen schon einmal aufgefallen, dass die erfolgreichsten Manager anders kommunizieren, denken und sich anders verhalten als Sie selbst? Haben Sie jemals Oprah in ihrer Fernsehsendung gesehen und sich gedacht: "Was für eine wunderbare Einstellung!" Wie kann ich ihm/ihr nacheifern?

Fantastische Neuigkeiten! Auch Sie können wie diese Menschen sein. Wie können Sie das erreichen? Indem Sie Ihre Ansichten und Verhaltensweisen ändern. Die gute Nachricht ist, dass jeder von uns sich ändern kann, und wir können jederzeit damit beginnen, zum Beispiel JETZT.

Die gute Nachricht ist, dass es UNSERE VERANTWORTUNG ist. Niemand sonst hindert uns daran. Das Spülgeräusch, das Sie jetzt hören, sind also all unsere Rechtfertigungen dafür, "warum die Dinge so sind, wie sie sind."

Wie können Sie Ihre Wahrnehmung ändern?

Dies wird durch unterschiedliche Überzeugungen über sich selbst und die eigene Situation erreicht. Dies erfordert anfangs eine bewusste Anstrengung. Alle in diesem KAPITEL besprochenen Taktiken zielen darauf ab, das eigene Selbstvertrauen als Führungskraft zu stärken.

Die andere Komponente ist die Änderung Ihres Verhaltens. Wenn Ihre derzeitigen Handlungen nicht zu dem Erfolg geführt haben, den Sie sich wünschen. Sie definieren Erfolg jedoch persönlich und unverwechselbar; Sie müssen anders handeln. Wie Albert Einstein sagte: "Wahnsinn ist, dieselbe Handlung zu wiederholen und ein anderes Ergebnis zu erwarten."

Ein neues Du entsteht, wenn verschiedene Einstellungen und Handlungen kombiniert werden: kraftvoller, ruhiger und liebevoller. Außerdem sind

Ihre Ansichten und Verhaltensweisen untrennbar miteinander verbunden. Sobald eines davon geändert wird, werden die anderen folgen.

Im Handeln liegt eine beträchtliche Kraft. Der Erfolg und alle damit verbundenen Empfindungen werden sich einstellen, wenn Sie die richtigen Maßnahmen ergreifen. Wenn Sie eine selbstbewusstere Einstellung entwickeln, werden Sie sich ständig unaufhaltsam fühlen, was Sie zum Handeln motivieren wird, weil Sie wissen, was zu tun ist, und auf Ihre Fähigkeit vertrauen, es zu tun.

Unabhängig davon, ob Sie sich zunächst auf Einstellungen oder Handlungen konzentrieren, werden Sie sich schließlich auf einem Weg wiederfinden, der die Etablierung einer erfolgreichen Denkweise und effektiver Handlungsweisen beinhaltet. All dies - die Einstellungen und Talente - werden schließlich absorbiert und entwickeln eine neue Art des Seins. Es ist ganz einfach.

Hier sind einige Strategien, die Ihnen helfen, eine erfolgreiche und selbstbewusste Einstellung zu entwickeln.

Beginnen Sie eine Woche lang jeden Arbeitstag mit einem der drei oben genannten Ansätze. Bevor Sie irgendetwas anderes tun, lesen Sie sich Ihre WARUM-Erzählung vor oder schließen Sie die Augen und stellen Sie sich vor, dass Sie der König sind oder schließen Sie die Augen und stellen Sie sich vor, wie Ihr Held den Tag angehen würde.

Wenn Sie unsicher sind, wie Sie vorgehen sollen, oder sich den ganzen Tag über schlecht fühlen, machen Sie eine Pause und probieren Sie eine andere Strategie aus.

1. Konstruieren Sie Ihre eigene WARUM-Erzählung.

Erinnern Sie sich daran, warum dies das richtige Konzept ist (z. B. Teamleiter zu sein oder ein großes Unternehmensziel zu verfolgen), warum Sie die geeignete Person sind, um es auszuführen, und warum jetzt der ideale Zeitpunkt ist. Erzählen Sie sich diese Geschichte immer wieder selbst. Wenn Sie sich gerne Wissen anhören, nehmen Sie Ihre Erzählung auf und hören Sie sie sich bei Bedarf an.

Wenn Sie sich Ihre Geschichte immer wieder ins Gedächtnis rufen, stärken Sie Ihr Selbstvertrauen, denn wir konzentrieren uns oft auf die Unzulänglichkeiten oder Fehler in unseren Erzählungen. "Ich habe auf dem College angefangen, Wirtschaft zu studieren, war aber nie besonders angetan davon. Ich nahm einen Job im Verkauf an, verachtete aber meinen Vorgesetzten und die Art, wie er uns zum Verkauf drängte. Jetzt versuche ich mich im Direktvertrieb, und wer weiß, ob ich damit Erfolg haben werde!"

Suchen Sie in Ihrer Geschichte nach Ihren echten Fähigkeiten und Wünschen. Schauen Sie sich dann an, auf welch vielfältige Weise sich diese in Ihrem Leben manifestiert haben. Vielleicht hatten Sie schon immer die natürliche Fähigkeit, anderen zu helfen, sie zu beruhigen oder sie zu unterrichten. Vielleicht haben Sie eine besondere Begabung für

Mode und Design, für Technik oder für die Gestaltung eines schönen Hauses.

Es erinnert mich an meine einzigartige Mischung aus Qualitäten (einschließlich Hartnäckigkeit und einer Leidenschaft für das Lernen) und Erfahrungen (einschließlich der Gründung von zwei Unternehmen und deren Wachstum auf über 1 Million Dollar Umsatz) und wie sie mich geformt und mit einer Gabe ausgestattet haben, die ich nun mit anderen teile.

2. Visualisieren Sie den König.

Betrachten Sie sich als den mitfühlenden und absoluten Monarchen des Königreichs. Die Menschen verehren und bewundern dich. Du besitzt absolute Autorität, wie die Krone, die du trägst, und der goldene Stab, den du schwingst, zeigen.

Stell dir vor, du trägst die Krone, nimmst deinen Stab in die Hand, näherst dich dem Thron und nimmst Platz. Dann tritt ein hoher Beamter ein und stellt Ihnen die Frage, über die Sie schon lange nachgedacht haben. Was sind Ihre Gefühle?

Wie lautet Ihre Antwort?

3. Was würde Ihr Held in dieser Situation tun?

Wählen Sie jemanden, den Sie sehr bewundern: Oprah, den Geschäftsführer Ihres Unternehmens, Ihr geistiges Vorbild. Was würden sie tun, wenn sie an Ihrer Stelle wären? Es ist seltsam, wie oft Sie nicht wissen, was Sie tun sollen, aber Sie werden wissen, was Ihr Held tun würde!

4. Bauen Sie ein Unterstützungssystem auf.

Alecia Huck, eine Motivationsrednerin, fügt dem noch eine Besonderheit hinzu. Sie hat ihre Freundinnen so konditioniert, dass sie, wenn sie schlecht gelaunt anruft, sofort anfangen, sie daran zu erinnern, wie wunderbar sie ist, und das ist immer effektiv, weil sie ihnen das Skript gegeben hat, dem sie folgen sollen!

Im Allgemeinen werden Ihre Mitarbeiter verstehen, wie gut Sie auf die anstehende Aufgabe vorbereitet sind. Sie können Sie daran erinnern, dass Sie das Richtige tun, dass Sie es gut machen und dass Sie etwas bewirken.

Ein wichtiger Vorbehalt bei der Einstellung von Familienangehörigen und Freunden: Sie müssen Neinsager vermeiden. Wenn Sie Ihr Leben ändern, fühlen sich andere Menschen möglicherweise eingeschüchtert, weil sie entweder befürchten, dass ihre Beziehung zu Ihnen darunter leidet, oder weil sie ihre Ängste auf Sie projizieren. Bedauerlicherweise können auch einige Ihrer Familienmitglieder zu den Zweiflern gehören.

Wenn sie Sie nicht unterstützen können, müssen sie zumindest unparteiisch bleiben. Wenn sie nicht neutral bleiben können, müssen Sie das Thema vielleicht ganz vermeiden.

5. Gesetz.

Denken Sie daran, dass Einstellung und Verhalten untrennbar miteinander verbunden sind; das eine beeinflusst das andere. Unabhängig davon, wie Sie sich gerade fühlen, werden Sie sich besser fühlen, wenn Sie etwas unternehmen. Ich bin der festen Überzeugung, dass eine optimistische Einstellung wirksam ist, und manchmal ist sie nicht vorhanden.

In solchen Zeiten müssen Sie, unabhängig davon, wie Sie sich fühlen, den nächsten Schritt und den nächsten Schritt tun. Nachdem Sie etwas unternommen haben (und von der Arbeit weggegangen sind, einen Freund angerufen haben, ein Glas Wein getrunken und gut geschlafen haben), werden Sie eine neue Perspektive haben.

Ein erheblicher Teil Ihres Erfolgs wird von Ihrer Fähigkeit abhängen, Ihre Einstellung zu kontrollieren. Selbstvertrauen in Kombination mit Taten wird Sie auf Ihrem Weg zum Erfolg ein gutes Stück voranbringen.

Wenn das nächste Jahr anbricht, können Sie sich darauf freuen, Ihre jüngsten Errungenschaften zu feiern, Selbstvertrauen und Komfort auszustrahlen und ein fabelhaftes Paar Schuhe anzuziehen. Sie können Ihre Reise sofort beginnen.

Der erste Schritt ist ganz einfach: Sie müssen nur anders denken und sich anders verhalten. Es liegt ganz an Ihnen und Ihrer Mentalität.

Erwachen.

Wenden Sie in den nächsten sieben Tagen täglich eines der ersten drei Verfahren an. Beurteilen Sie am Ende der Woche, ob diese Verfahren Ihre Fähigkeit verbessert haben, Ihren Tag zu bewältigen. Haben Sie an Sicherheit im Umgang mit anderen gewonnen? War es einfach, einen Schwerpunkt zu setzen?

KAPITEL 3

Entwicklung von Selbstvertrauen und Intelligenz.

Die Führung Ihres Unterbewusstseins, das Ihre Träume erzeugt, wird Ihnen dabei helfen, Ihr Selbstvertrauen und Ihre Weisheit als Manager zu entwickeln. Sie werden lernen, Fehler zu vermeiden und immer das zu tun, was notwendig ist, um im Leben etwas zu erreichen.

Die Entwicklung Ihrer Persönlichkeit wird Ihr Selbstwertgefühl bestimmen. Ihre psychologische Metamorphose wird durch das Wissen bestimmt, das Sie durch unbewusstes Lernen erlangen. In diesen Kursen lernen Sie, wie Sie Ihr Verhalten steuern können. Handeln Sie immer erst, nachdem Sie in jeder Situation alle verfügbaren Optionen in Betracht gezogen haben.

Ihre Vision wird Ihnen helfen, Vertrauen in Ihre Fähigkeiten zu entwickeln. Sie können die Zukunft vorhersehen und mögliche Bedrohungen, Fehler oder andere negative Aspekte erkennen, die zu zukünftigen Problemen führen könnten. Auf diese Weise sind Sie in der Lage, etwaige Fehler zu beheben und die Voraussetzungen für die von Ihnen gewünschten positiven Ergebnisse zu schaffen.

Dieses Potenzial wird Ihr Sicherheitsgefühl erhöhen und Ihnen den Mut geben, die Schwierigkeiten des Lebens zu meistern. Sie werden aufrichtig daran glauben, dass Sie alle Probleme lösen, alle Hürden überwinden und schließlich triumphieren können.

Nur wenn Sie an Ihre innere Stärke glauben, können Sie Selbstvertrauen entwickeln. Um an Ihre innere Stärke zu glauben, müssen Sie jedoch falsche Vorstellungen und Verhaltensauffälligkeiten ausmerzen, die Sie daran hindern, sich stark zu fühlen.

Ich habe den Traumdeutungsansatz von Carl Jung für Sie vereinfacht, aber es hat zwei Jahrzehnte gedauert, unzählige Träume in die Praxis umzusetzen und viele Patienten durch Traumtherapie zu heilen. Sie haben das Glück, dass ich aufgrund meiner Entdeckungen die Traumsprache und den Transformationsprozess durch Traumtherapie vereinfachen konnte.

Carl Jung konnte nicht den gesamten Inhalt der menschlichen Psyche sehen, da er seine Studien an einem bestimmten Punkt abbrach und zugab, dass er von diesem Punkt an nichts mehr wusste. Ich habe seine Untersuchungen fortgesetzt und das aufgedeckt, was er mit seinem begrenzten Verständnis nicht sehen konnte.

Als Ergebnis werde ich klar und deutlich sagen, dass Sie ein lächerliches wildes Gewissen geerbt haben, das Ihr menschliches Gewissen durch Verrücktheit zerstören und Kontrolle über Ihre Handlungen ausüben will.

Alle Ihre Träume sind im Wesentlichen ein Verteidigungsmechanismus gegen Ihr ursprüngliches

Gewissen, das Anti-Gewissen, das für die Entwicklung psychischer Krankheiten innerhalb Ihres menschlichen Gewissens verantwortlich ist.

Die amerikanischen Ureinwohner und viele Menschen, die mit alten Zivilisationen verbunden waren, betrachteten die Traumdeutung als heilig. Doch vielen barbarischen Gesellschaften, die mit gewaltigen Waffen und Armeen ausgestattet waren, gelang es, friedliche Gesellschaften zu zerstören, die die Bedeutung von Träumen und Leben hervorhoben.

Heute glauben die meisten Menschen, dass Träume bedeutungslos sind oder unsere Gefühle und Sorgen widerspiegeln. Dieser Eindruck ist völlig falsch. Carl Jungs Entdeckungen über die Bedeutung von Träumen und meine Entdeckungen aufgrund der Fortsetzung seiner Forschungen haben allen vorgefassten Meinungen über die Bedeutung und den Sinn von Träumen ein Ende gesetzt.

Leider hindert der furchtbare Wettbewerb, der unsere heutige, von Gewalt und Gier geprägte Zivilisation kennzeichnet, die Menschen daran, ihr

Heil zu finden. Viele bedeutende wissenschaftliche Entdeckungen werden von der Welt weiterhin übersehen, weil viele prominente Wissenschaftler, Vermarkter und andere Fachleute befürchten, ihre Privilegien zu verlieren.

Diesen Fachleuten ist es gleichgültig, ob das globale Elend abgewendet werden kann, nur weil neue, nützliche Lösungen entdeckt wurden. Sie würden lieber verhindern, dass die Menschheit die Wahrheit erfährt, um ihr gesellschaftliches Ansehen zu wahren. Infolgedessen unternehmen sie erhebliche Anstrengungen, um ihre Gegner zu übertrumpfen.

Aus diesem Grund hat die Welt bis heute die erstaunlichen Erkenntnisse des Psychiaters Carl Jung weitgehend übersehen, obwohl seine Methode der Traumdeutung so nützlich ist, dass sie in den Schulen gelehrt werden muss.

Die amerikanischen Ureinwohner und viele alte Zivilisationen, die Träume als heilig ansahen, hatten völlig Recht. Träume sind wichtig, weil sie unschätzbare Botschaften des intelligenten

Unterbewusstseins vermitteln. Das Unterbewusstsein ist göttlichen Ursprungs; es funktioniert ähnlich wie ein sehr großzügiger natürlicher Arzt.

Sie müssen damit beginnen, Ihr Selbstvertrauen zu entwickeln, indem Sie die Hindernisse aus dem Weg räumen, die Ihrem Fortschritt im Wege stehen. Dann müssen Sie Ihre Intelligenz kultivieren. Ihre psychologische Transformation und Ihre Verhaltensgesundheit werden zu einem erhöhten Selbstvertrauen führen.

Aus diesem Grund wird es immer Ihre Persönlichkeit bestimmen und nicht durch die Kämpfe des Lebens verschwinden. Ihr Selbstvertrauen wird immer präsent sein und Ihnen dabei helfen, immer zu triumphieren und zu glänzen.

KAPITEL 4

Selbstvertrauen und Führungsqualitäten entwickeln.

Entwickeln Sie Ihr Selbstvertrauen, wenn Sie als Führungskraft in Ihrem Unternehmen vorankommen wollen, denn es ist eine der wichtigsten Führungseigenschaften. In diesem KAPITEL bespreche ich Tipps, die jedem helfen können, sein Führungsverhalten auf der Managementebene zu verbessern.

Ohne Selbstvertrauen werden Sie es schwer haben, eine Führungsposition zu erlangen. Zunächst müssen Sie verstehen, dass Führungseigenschaften verhaltensorientiert sind.

Alle herausragenden Führungskräfte verdienen sich das Vertrauen und die Bewunderung derer, mit denen sie in Kontakt kommen. Andererseits verlassen sich effektive Manager mehr auf ihre Fähigkeiten als auf ihre Führungsqualitäten. Manager legen mehr Wert auf Kommunikationsorganisation und Zeitplanung als echte Führungskräfte.

Bitte glauben Sie nicht, dass diese Fähigkeiten unwichtige Führungseigenschaften sind, denn sie sind für die Führung unerlässlich. Wahres Führungsverhalten ist jedoch wesentlich stärker von der Persönlichkeit abhängig als von grundlegenden Führungsfähigkeiten.

Manche Menschen entwickeln von Natur aus Führungseigenschaften, weil sie eine positive Erziehung genossen haben. Der Durchschnittsmensch auf der Straße hat jedoch nicht das Ziel, eine Führungspersönlichkeit zu sein, und benötigt daher nicht das Selbstvertrauen, das eine echte Führungspersönlichkeit braucht.

Selbstvertrauen konstruieren.

Ihr Führungsstil wird durch Persönlichkeitsmerkmale bestimmt wie:

Bescheidenheit, Integrität, Ehrlichkeit, Aufrichtigkeit, Engagement, Weisheit, Mut, Mitgefühl, Selbstvertrauen, eine optimistische Einstellung, Sensibilität, Entschlossenheit und Leidenschaft für Ihre Bemühungen. Wenn Sie in Ihrem Unternehmen eine Führungsposition einnehmen wollen, müssen Sie zunächst Führungsqualitäten in Ihrem Denken kultivieren.

Dress for Success ist eine allgemeine Regel.

Ob Sie ein Mann oder eine Frau sind, Ihre Kleidung sagt viel über Sie aus. Sie müssen also Geld für Kleidung ausgeben, um als Führungskraft Geld zu verdienen.

Dieser Tipp zum äußeren Erscheinungsbild ist einer der einfachsten Wege, um alle Führungseigenschaften zu entwickeln. Es geht nicht in erster Linie um das Führungsverhalten, das nicht körperlich ist, sondern geistig. Man kann einer Führungskraft die Kleidung klauen, aber nicht ihr Führungsverhalten.

Meine Herren, Sie sollten lernen, Ihre eigenen Krawatten zu binden. Clip-on-Krawatten sind unausstehlich. Sie wissen nie, wann Sie Ihre Krawatte losbinden müssen. Stellen Sie sich folgendes Szenario vor: Sie befinden sich in einer längeren Geschäftsbesprechung. Außerdem sieht eine handgebundene Krawatte toll aus.

Meine Damen, ein Hairstylist kann Ihr Aussehen und Ihr Wohlbefinden erheblich verbessern. Lassen Sie sich einen neuen Haarschnitt verpassen und kleiden Sie sich für den Erfolg. Sie werden sich besser fühlen und an Selbstvertrauen gewinnen.

Erwägen Sie die Teilnahme an einem Kurs für öffentliches Reden.

Ich werde mich zunächst auf die erste Führungsqualifikation konzentrieren, die ich erörtern werde: das Sprechen in der Öffentlichkeit. Auch wenn Sie vielleicht der am besten qualifizierte Mitarbeiter im Unternehmen sind, um das Gespräch zu führen, kann Ihnen Erfahrung im öffentlichen Reden, die Sie an der Hochschule erwerben können, helfen, sich vor einem Publikum zu behaupten.

Sprechen in der Öffentlichkeit ist eine Fähigkeit, die man trainieren kann. Leitkonzepte und wirksame Methoden für das Sprechen in der Öffentlichkeit, die Sie in einer Schule für Rhetorik lernen können, können Ihnen helfen, Ihr Führungsverhalten zu verbessern und Ihr Selbstvertrauen zu stärken.

Belegen Sie so bald wie möglich einen Kurs in Rhetorischer Kommunikation. Wählen Sie einen Kurs, der sich auf das Sprechen in der Öffentlichkeit konzentriert, da er Ihnen helfen kann, Ihre Angst vor dem Sprechen in der Öffentlichkeit zu überwinden. Er kann Ihnen helfen, Selbstvertrauen zu entwickeln, und Ihnen die Gewissheit geben, dass die Menschen Ihrer Botschaft wirklich zuhören, anstatt Ihren Redestil zu bewerten, wenn Sie eine Rede halten.

Gehen Sie davon aus, dass Sie bereits Selbstvertrauen haben.

Sie müssen kein Schauspieler sein, um damit anzufangen, und wenn Sie sehr unsicher sind, können Sie sogar damit beginnen, privat Theater zu spielen. Das wird Ihnen dabei helfen, Selbstvertrauen zu entwickeln.

Sie können das Selbstvertrauen entwickeln, zu dem Sie fähig sind, aber Sie müssen daran arbeiten. Sie können Unsicherheiten überwinden, die tief in Ihrem Unterbewusstsein vergraben sind und Sie vielleicht daran hindern, Ihr volles Potenzial auszuschöpfen.

KAPITEL 5

Selbstvertrauen stärken - Übungen zur Stärkung des Selbstbewusstseins.

Selbstvertrauen bedeutet, an das zu glauben, was man erreichen kann. Es wird manchmal mit dem Selbstwertgefühl verwechselt, aber beide unterscheiden sich erheblich voneinander.

Ihnen fehlt es an Selbstvertrauen, wenn Sie oft an Ihren Talenten zweifeln. Wenn Sie Probleme haben, Ihr Selbstvertrauen zu entwickeln, sollten Sie vielleicht versuchen, einige vertrauensbildende Maßnahmen zu ergreifen.

Die Zwei-Minuten-Übungen zur Vertrauensbildung.

Zeit ist kein Hindernis, um Ihr Selbstvertrauen zu stärken. Wenn Sie oft mit Dingen beschäftigt sind, können Sie die Zwei-Minuten-Übungen zur Stärkung des Selbstvertrauens ausprobieren:

Stellen Sie sich vor den Spiegel und stellen Sie sich Ihr Spiegelbild als eine andere Person vor. Stellen Sie sich vor, Sie würden mit dieser Person interagieren.

Konzentrieren Sie sich und versuchen Sie, Ihren Kopf unbeweglich zu halten. Eine Tai-Chi-Visualisierungsstrategie kann dabei eine gute Hilfe sein. Stellen Sie sich einfach vor, dass eine Schnur an Ihrem Kopf hängt. Es ist wichtig, während dieser Übung einen geraden Kopf zu halten. Wenn Ihr Kopf und Ihr Nacken ausgerichtet sind, sind Sie frei von Verspannungen und Stress.

Beginnen Sie damit, sich selbst davon zu überzeugen, dass Sie ein Vorbild an Selbstvertrauen sind. Vielleicht müssen Sie Ihre Aufmerksamkeit auf Ihren gewünschten Zustand lenken. Nehmen Sie zum Beispiel an, Sie sind Medizinstudent. Stellen Sie sich vor, Sie wären ein Arzt.

Atmen Sie ab und zu tief ein, während Sie sich vor dem Spiegel betrachten. Stellen Sie sich vor, dass Ihr Zimmer gut belüftet ist und dass Sie von viel frischer Luft umgeben sind - genießen Sie es. Erlauben Sie sich beim Ein- und Ausatmen das Gefühl, dass die frische Luft Ihr ganzes System erfüllt.

Leeren Sie während dieses Vorgangs Ihren Geist von stressigen Gedanken und überzeugen Sie sich, dass Sie mit jedem Ausatmen auch diese Gedanken loslassen. Sie werden bemerken, dass die Luft jede Zelle Ihres Körpers durchdringt und dass jegliches Gefühl der Angst verschwindet und durch ein Gefühl der Ruhe ersetzt wird.

Diese Bemerkung kann Ihnen dabei helfen: "Ich bin fähig, das zu schaffen! Alles wird sich schließlich zu meinen Gunsten fügen." Sie brauchen diese Aussage nicht zu wiederholen, sondern können stattdessen etwas Positives zu sich selbst sagen.

Positives Denken ist einer der Schlüssel zu einem erfüllten Leben. Ein positiver Gedanke ist mächtig, und seine Bedeutung kann gar nicht hoch genug eingeschätzt werden. Positiv-Minuten-Übung zum Aufbau von Selbstvertrauen

Sie können diese Übung sicher immer dann durchführen, wenn Sie einen Vertrauensschub brauchen. Wenn Sie ein vielbeschäftigter Mensch sind, können Sie dies in Ihre tägliche Routine einbauen, vorzugsweise bevor Sie das Haus verlassen, um angenehme Energien zurückzugewinnen.

Zusätzliche vertrauensbildende Maßnahmen.

Jeder von uns hatte schon Tage erlebt, an denen sich der Globus nicht so zu drehen schien, wie er sollte, und der Sturm schien nicht nachzulassen. Neben der zweiminütigen Übung zur Stärkung des Selbstvertrauens gibt es noch einige andere Möglichkeiten, das Selbstvertrauen zu verbessern. Hier sind ein paar Beispiele:

Suchen Sie sich eine körperliche Aktivität, die Ihnen Spaß macht. Bewegung, ob Aerobic, Stretching, Joggen oder Radfahren, ist eine Möglichkeit, Ihr Selbstvertrauen zu stärken. Nehmen wir an, Sie sind niedergeschlagen; nehmen Sie sich mindestens 15 Minuten Zeit, um Ihre Probleme zu verarbeiten. Regelmäßige Bewegung hilft Ihnen, besser zu schlafen und entspannt Ihre steifen Muskeln. Es hat sich gezeigt, dass es die Symptome von Stress und Angst lindert. Daher verbessert Bewegung nicht nur Ihr Aussehen, sondern auch Ihre Stimmung.

Neben der körperlichen Betätigung können Sie sich auch sportlich betätigen. Ob Volleyball, Basketball, Baseball oder Fußball - die Teilnahme an einer Sportart ist eine der unzähligen Übungen, die Ihr Selbstvertrauen stärken können. Eine Sportart ist eine hervorragende Möglichkeit, das Selbstvertrauen zu stärken, da das Schlagen oder Werfen des Balls Stress abbaut.

Kümmern Sie sich um sich selbst. Es ist akzeptabel, einen kleinen Teil Ihres Geldes für sich selbst auszugeben. Es ist zwar wichtig, mit dem Geld sparsam umzugehen, aber Sie sollten sich auch Luxus gönnen, wenn auch nur für einen Tag.

Im Grunde alles! Sie können neue Kleidung, Bücher oder Gadgets für sich selbst kaufen. Wenn Sie nicht an materiellen Gütern interessiert sind, können Sie in Ihrem Lieblingsrestaurant essen gehen oder einen Film sehen.

Es wird Ihnen lediglich der Weg gezeigt, der Rest liegt ganz bei Ihnen. Wenn Sie aktiv werden, werden Sie feststellen, dass alles machbar ist. Wenn Sie es für selbstverständlich halten, werden Sie sich im Nachteil befinden.

KAPITEL 6

Führungsqualitäten tragen zu Selbstvertrauen und Selbstwertgefühl bei.

Der geschäftliche Erfolg hängt oft davon ab, wie effizient Sie Ihre Führungsqualitäten als Manager einsetzen. In dieser Ratgebersendung finden Sie verschiedene Empfehlungen, die Ihnen helfen sollen, Selbstvertrauen und Wertschätzung zu entwickeln.

Der Einsatz von Führungsqualitäten am Arbeitsplatz kann Ihnen durchaus helfen, finanzielle Anreize von Ihrem Arbeitgeber zu erhalten. Der Erfolg bei Beförderungen hängt davon ab, ebenso wie der finanzielle Erfolg Ihres Unternehmens.

Führungsqualitäten zeichnen sich durch Handeln aus. Mit anderen Worten, es handelt sich nicht um eine Führungskompetenz im traditionellen

Sinne von Organisation, Zeitplanung und dergleichen. Auf der anderen Seite sind Führungsqualitäten diejenigen, die Sie einsetzen, um sich das Vertrauen, den Respekt und die Bewunderung anderer zu verdienen, die zu Ihnen aufschauen, aber Führungsqualitäten sind ebenfalls notwendig.

Entwickeln Sie Selbstwertgefühl und Selbstvertrauen, beides sind wichtige Führungsqualitäten. Viele Menschen glauben, dass Gelassenheit ein unmögliches Ziel ist. Ich werde gleich darauf eingehen, wie ich die Praktiken zur Selbstverbesserung und zum Aufbau von Selbstvertrauen, die mir geholfen haben, umsetzen kann.

In meiner Kindheit erlebte ich Traumata, die sich auf meine Leistung und meine Fähigkeit, Arbeit zu finden, auswirkten. Aufgrund meiner Ängste hatte ich nie die Möglichkeit, mich zu einer Führungskraft in einem Unternehmen zu entwickeln.

Ich wuchs ohne Eltern auf und wurde von meinen Vormündern gequält und vernachlässigt; das

Waisenhaus, in dem ich vom fünften Lebensjahr bis zum Abitur aufwuchs, verließ ich mit erheblichen seelischen Wunden.

Ich verbarg diese schrecklichen Erinnerungen vor meinem bewussten Verstand, aber mein Unterbewusstsein untergrub meine bewusste Erinnerung und zerstörte meinen Ehrgeiz, ein sinnvolles Leben zu führen. Ich entdeckte jedoch eine Strategie zur Entwicklung von Selbstvertrauen und Selbstwertgefühl; diese Methode half mir, in meinem Leben finanziellen Erfolg zu haben.

Ich erlangte die für den Verkaufserfolg notwendige Selbstbeherrschung. Dann wurde mir die Position des Bezirksverkaufsleiters für Oregon und das südliche Washington angeboten. Ich entwickelte ein ungebrochenes Selbstwertgefühl und Selbstvertrauen - wesentliche Führungsqualitäten.

Festlegen von Zielen.

Setzen Sie sich Ziele für Ihr Selbstvertrauen und Ihr Selbstwertgefühl. Das wird Ihnen dabei helfen, an sich selbst zu glauben. Entwickeln Sie Selbstvertrauen und Selbstwertgefühl, denn es ist viel einfacher, als Sie vielleicht glauben.

Machen Sie Ihre Ziele konkret.

Quantifizieren Sie Ihren finanziellen Erfolg. Wenn Sie Ihre Strategien zum Aufbau von Selbstvertrauen entwickeln, sollten Sie einen Aktionsplan erstellen, damit Sie Ihre Fortschritte bei der Erreichung eines bestimmten Ziels verfolgen können. Es ist viel einfacher, Selbstvertrauen aufzubauen, und Sie gewinnen an Selbstvertrauen, sobald Sie ein paar kleine Ziele erreicht haben, die sehr einfach zu erreichen sein sollten.

Setzen Sie Ihre Ziele schrittweise.

Machen Sie sich klar, dass Sie nicht von heute auf morgen Präsident einer Organisation werden können - es sei denn, Ihr Vater ist Eigentümer des Unternehmens. Sie müssen nur darauf warten, dass er sich zur Ruhe setzt. Wenn Ihre Zukunftspläne jedoch bereits in Stein gemeißelt sind, werden Sie diesen Beitrag wahrscheinlich nicht lesen.

Wenn Sie sich kleine Ziele setzen, fällt es Ihnen leichter, Selbstvertrauen zu entwickeln. Ihr erstes Ziel könnte sein, eine Abteilungssitzung durch das Halten einer Präsentation zu erleichtern. Sie werden an Selbstvertrauen gewinnen, wenn Sie jedes Ihrer kleinen Ziele erreichen.

Nehmen Sie bei Gesprächen Blickkontakt mit anderen auf.

Eine weitere wichtige zwischenmenschliche Fähigkeit, die Ihnen dabei hilft, Selbstvertrauen und Selbstwertgefühl zu entwickeln, ist die Aufrechterhaltung des Augenkontakts mit Ihrem Gesprächspartner. Die Fähigkeit, einen Dialog zu führen, ist eine wichtige Führungseigenschaft.

Wenn Sie sich mit einer anderen Person unterhalten, nehmen Sie sich die Zeit, ihr zuzuhören.

Denken Sie daran, worauf ich hinaus will: Dialog ist eine Straße, die in beide Richtungen führt. Behalten Sie daher dieses Zitat im Hinterkopf.

Seien Sie ein aufmerksamer Zuhörer. Lassen Sie Ihrem Gesprächspartner ausreichend Zeit, seine Gedanken zu äußern. Indem Sie zuhören, schaffen Sie eine Aura der Wärme. Andere werden Ihre Gesellschaft mögen und durch den Erwerb dieser wichtigen zwischenmenschlichen Fähigkeit an Beliebtheit gewinnen. Das Endergebnis der Verbesserung Ihrer zwischenmenschlichen Fähigkeiten wird eine Steigerung Ihres Selbstbewusstseins sein.

Viele Menschen fühlen sich extrem verletzlich, weil sie glauben, dass sie niemals in irgendetwas hervorragend sein werden. Diese Art von geringem Selbstwertgefühl führt unweigerlich zu einem Verlust an Selbstvertrauen in allem, was Sie im Laufe Ihres Lebens tun.

Bedenken Sie Folgendes: Wenn Sie etwas noch nie versucht haben, können Sie nie behaupten, dass

Sie versagen werden. Ihr Vorgesetzter schlägt Ihnen zum Beispiel vor, ein Team zu leiten, aber Sie haben Angst, es zu versauen. Diese Art von Angst wird eine Person höchstwahrscheinlich davon abhalten, die Stelle anzunehmen.

Wenn Sie jedoch selbstbewusst sind, würden Sie nicht zögern, sich zu verändern, und diese Aufgabe bereitwillig annehmen. Unzureichendes Selbstvertrauen kann sich nachteilig auf Ihr berufliches Fortkommen auswirken.

Motivieren Sie sich selbst.

Ob es sich um eine Demonstration, ein Vorstellungsgespräch oder etwas anderes handelt, zeigen Sie sich selbst, dass Sie fähig sind. Wenn Sie sich täglich selbst ermutigen, werden Sie bald merken, dass Ihr Selbstvertrauen steigt.

Eine einfache Möglichkeit, sich selbst zu ermutigen, besteht darin, eine Liste mit mindestens fünf Dingen zu führen, die Sie an diesem Tag gut gemacht haben. Diese besondere Übung unterstützt

Ihren unerschütterlichen Glauben, dass Sie alles erreichen können, was Sie sich vornehmen.

Führen Sie positive Selbstgespräche.

Nutzen Sie optimistische Selbstgespräche als Mittel, um schlechte Gedanken zu verdrängen, die Ihren Geist verstopfen. Wann immer Sie in Versuchung geraten, pessimistisch zu sein, erinnern Sie sich selbst daran, "innezuhalten" und alle Gedanken durch positive Gedanken zu ersetzen.

Wenn Sie merken, dass Sie nach Perfektion streben, ermutigen Sie sich, Ihr Bestes zu geben. Wenn Sie zum Beispiel deprimierende Gedanken haben, ersetzen Sie sie durch glückliche Erinnerungen. Auf diese Weise können Sie sich selbst gegenüber viel nachsichtiger sein; gleichzeitig sollten Sie sich weiterhin bemühen, sich zu verbessern.

Eine ausgezeichnete Technik zur Überwindung von Pessimismus besteht darin, optimistische Dinge zu lesen und zu hören. Das Lesen und Hören von positiven und bestätigenden Dingen kann Ihnen zweifellos helfen, Ihre Fähigkeiten und Ihr Selbstvertrauen zu entwickeln.

Lesen und hören Sie Geschichten über wohlhabende Menschen. Sie werden feststellen, dass die meisten dieser Menschen mit schwierigen Umständen konfrontiert waren; sie stießen im täglichen Leben auf viele Probleme und Hindernisse, aber sie überwanden diese Hindernisse und wurden in ihren Unternehmungen erfolgreich. Diese Methode wird sich auf lange Sicht zweifellos auszahlen, da sie zu Quellen hoffnungsvollen Bewusstseins in Ihrem Geist werden.

Visualisieren Sie Ihren langfristigen Erfolg.

Stellen Sie sich oft vor, wie Sie sich über den Erfolg freuen! Spüren Sie die echte Freude, die Erwartung, das Adrenalin und die Begeisterung, die mit dem Erfolg verbunden sind. Um Ihren Optimismus zu steigern, stellen Sie sich selbst als selbstbewussten Mann oder Frau vor. Stellen Sie sich vor, dass Sie sich einer schwierigen Herausforderung stellen und diese mit Gelassenheit und Zuversicht meistern.

Nutzen Sie Ihre fünf Sinnesorgane, um ein intensives und realistisches Bild in Ihrem Kopf zu erzeugen. Stellen Sie sich vor, Sie stehen kurz vor Ihrem Klavierkonzert und haben Probleme, sich zu entspannen.

Stellen Sie sich vor, wie Sie mutig auf der Bühne zum Klavier schreiten. Stellen Sie sich vor, dass Sie mit voller Sicherheit und Freude spielen. Stellen Sie sich vor, wie die Leute in die Hände klatschen und "Zugabe!" schreien. Nehmen Sie den Anblick, den Geruch und den Geschmack des Erreichten in sich auf. Ist es nicht anregend?

Erkennen Sie Ihre Leistungen an.

Schenken Sie sich selbst Anerkennung für Ihre Bemühungen. Konzentrieren Sie sich nicht ausschließlich auf den Erfolg, sondern betonen Sie den gesamten Prozess des Erreichens, die mutigen und geradlinigen Anstrengungen, die Sie unternommen haben.

Beglückwünschen und belohnen Sie sich, wenn Sie etwas tun, das Sie glücklich macht. Gönnen Sie sich eine Pause, indem Sie ein Restaurant oder ein gutes Wellness-Center besuchen oder sich den Rest des Tages frei nehmen.

Pflegen Sie diese Empfindungen, indem Sie sich an frühere Erfolge erinnern. Notieren Sie in Ihrem Tagebuch die Momente, in denen Sie sich wirklich glücklich fühlen. Das kann eine Gelegenheit oder eine Leistung sein, für die Sie sowohl Dankbarkeit als auch ein großes Gefühl der Erfüllung empfunden haben.

Lassen Sie sich von diesen Erinnerungen trösten und schöpfen Sie daraus Kraft. Sagen Sie laut: "Wenn ich das in der Vergangenheit erreicht habe, bin ich zuversichtlich, dass ich in der Gegenwart und Zukunft noch mehr erreichen kann."

Nutzen Sie Ihre Führungsqualitäten, denn sie können Ihnen helfen, in all Ihren Aktivitäten Erfolg zu haben. Sie können auch den Weg für den Erfolg als Führungskraft ebnen.

KAPITEL 7

Selbstvertrauen-Power-Listen für starke Führung.

Die meisten Führungskräfte unterschätzen ihre Fähigkeiten. Denn Fehler, Defizite und Misserfolge erschweren oft die Aufgabe, Menschen zu Höchstleistungen zu motivieren.

Ich kannte einmal eine Frau, die einen Master-Abschluss in Englisch von einer angesehenen Universität hatte. Sie liebte Romane und Gedichte, und wir unterhielten uns regelmäßig über diese Themen. Oft äußerte sie den Wunsch, eines Tages einen Roman zu veröffentlichen. Ich drängte sie, eines Tages mit dem Schreiben einer Erzählung zu beginnen.

Zu meinem Erstaunen äußerte sie Vorbehalte und erklärte, sie sei nicht bereit, es zu versuchen. Ich war verblüfft über ihre Haltung, denn sie war Literaturstudentin und eine nachdenkliche, einfühlsame Person. Ich hatte Proben ihrer Arbeit gesehen. Sie waren ziemlich exquisit - deutlich mehr als das Übliche. Sie glaubte, sie sei dazu nicht in der Lage. Infolgedessen hat sie es nie getan.

Im Gegensatz dazu beschäftigte unsere Organisation früher einen jungen Programmierer, der darauf bestand, dass unsere neu entwickelte webbasierte Anwendung ein Content-Management-System benötigte.

Ich war mir bewusst, dass er keine Erfahrung mit dieser Art von Programmierung hatte. Dennoch meinte er, er könne ein generisches, selbst anpassbares Content-Management-System entwerfen, das ein eigenständiges Produkt werden würde.

Daraufhin beauftragten wir ihn mit dem Projekt. Auf dem Weg dorthin unterliefen ihm viele Fehler, aber es war unglaublich, ihm dabei zuzusehen, wie er sich weiterentwickelte und schließlich das tat, was er versprochen hatte, obwohl er noch nie etwas Ähnliches gemacht hatte.

Der Unterschied zwischen diesen beiden Personen ist das Selbstvertrauen, der Glaube an die eigene Fähigkeit, eine schwierige Aufgabe zu bewältigen.

Wem würden Sie also zum Erfolg verhelfen?

Die außergewöhnlich begabte Person, die glaubt, sie sei unfähig? Oder die Person, der es an Fachwissen mangelt, die aber überzeugt ist, dass sie es kann?

Glauben Sie, dass Sie es können oder dass Sie es nicht können. In beiden Fällen werden Sie beweisen, dass Sie Recht haben.

Wenn man mit den Schwierigkeiten der Führung konfrontiert wird, ist es ganz natürlich, an sich selbst zu zweifeln. Sie sind sich Ihrer Stärken bewusst und haben in Ihrem Leben schon viele Ziele erreicht. Sie sind sich aber auch bewusst, dass Sie nicht in allem überragend sein können. Vielleicht halten Sie es für leichtsinnig, Ihre Grenzen außer Acht zu lassen.

Unterschätzen Sie sich nicht! Du hast einen kreativen Geist. Sie besitzen Vitalität. Sie können auf dem aufbauen, was Sie wissen, und dabei neue Erkenntnisse gewinnen. Sie können fleißig arbeiten und sich weigern, aufzugeben. Wie der deutsche Dichter Goethe es ausdrückte: "Beginne, was immer du erreichen oder erdenken kannst; Kühnheit enthält Glanz, Kraft und Zauber".

Erstellen Sie die drei Machtlisten eines selbstbewussten Managers, die Ihnen dabei helfen, eine einflussreiche Führungskraft zu werden.

1. Erstellen Sie eine Liste all Ihrer Errungenschaften - alles, was Sie jemals getan haben und worauf Sie stolz sind. Gönnen Sie sich Zeit. Beginnen Sie mit Ihrer Jugend. Sie werden wahrscheinlich feststellen, dass Sie viele Ihrer Erfolge vergessen haben!

Jedes Mal, wenn Sie sich dabei ertappen, wie Sie denken: "Ach, das ist doch keine große Leistung", schieben Sie diesen Gedanken in den Hintergrund

und notieren Sie ihn trotzdem. Sobald Sie etwas erreicht haben, ist die Liste vollständig; gehen Sie sie langsam durch. Während Sie jeden Punkt analysieren, drücken Sie Ihre Dankbarkeit aus und erklären, warum Sie sich darüber freuen. Das sollten Sie ausnahmslos für jeden Erfolg tun.

2. Erstellen Sie anschließend eine Liste mit Ihren Kenntnissen und Fähigkeiten. Nehmen Sie alles noch einmal auf. Die Liste wird wesentlich länger sein, als Sie erwartet haben.

3. Erstellen Sie schließlich eine Liste Ihrer liebenswertesten Eigenschaften und Merkmale. Keine Bescheidenheit versuchen!

4. Sobald Sie die drei Listen ausgefüllt haben, wiederholen Sie sich selbst: "In vielerlei Hinsicht bin ich ein guter Kandidat für eine Führungsposition. Ich habe in meinem Leben viel gelernt und erreicht. Ich bin praktisch zu allem fähig, was ich mir vornehme." Wiederholen Sie diese Sätze jeden Tag dreimal.

Es ist leicht, das eigene Potenzial aus den Augen zu verlieren. Die drei Listen ermöglichen eine gründliche Prüfung Ihrer wahren Talente. Erstellen Sie alle drei Listen und bewahren Sie sie für die Zukunft auf.

Sie haben sich bereits das Recht verdient, selbstbewusst und stark zu sein, um zu führen. Das Erkennen Ihrer Fähigkeiten und Leistungen ist vergleichbar mit dem Einzahlen von Geld auf einer Bank. Es wird Sie nicht interessieren, wenn Sie die positiven Aspekte des Lebens abwerten oder es versäumen, sich selbst Anerkennung zu geben.

Erwarten Sie Großes von sich, und Sie werden feststellen, dass es Ihnen leichter fällt, es zu erreichen.

KAPITEL 8

Bedeutende Schritte auf dem Weg zum Selbstvertrauen.

Ob Sie es zugeben oder nicht, Sie haben sicher auch schon einmal eine Phase emotionaler Turbulenzen erlebt, die Ihr Selbstvertrauen fast zerstört haben. Was Sie von anderen unterscheidet, ist die Art und Weise, wie Sie damals mit dieser Situation umgegangen sind und sie bewältigt haben.

Wenn Sie das einsame Szenario unbeschadet überstanden haben, haben Sie sich gut geschlagen. Wenn Sie jedoch zu den vielen gehören, die sich von einer solchen Erfahrung nicht erholen konnten, ist Ihr Selbstwertgefühl möglicherweise erschüttert.

Was hat das zu bedeuten? Das deutet darauf hin, dass Ihr Glaube an Ihre Talente einen schweren Schlag erlitten hat. Sie haben vielleicht das Gefühl, dass Sie zu nichts fähig sind und dass jede Anstrengung vergeblich wäre.

Wie können Sie also diese verwirrende Situation überwinden?

Wie können Sie sich selbst davon überzeugen, dass Sie noch eine Chance im Leben haben und das Potenzial, etwas zu verändern?

Die gute Nachricht ist, dass es Strategien zur Stärkung des Selbstvertrauens gibt. Es mag eine Weile dauern, aber es wird helfen, das eigene Selbstbild zu entwickeln. Selbstwertgefühl entwickelt sich nicht über Nacht; es braucht Zeit, Hingabe und Entschlossenheit.

Um Selbstbewusstsein zu entwickeln, müssen Sie sich zunächst als Herr über Ihr eigenes Leben erkennen und sich insgeheim schwören, jeden Augenblick als Chance zur Verbesserung zu nutzen.

Befolgen Sie die drei wichtigen Schritte, um Selbstvertrauen zu entwickeln und Ihren wahren Wert zu erkennen.

Schritt 1: Nehmen Sie die richtige Mentalität an. Wissen Sie, wie es sich anfühlt, wenn Sie eine Aufgabe bekommen, die Sie trotz aller Bemühungen nicht bewältigen können? Das ist quälend und ärgerlich, vor allem, wenn man weiß, dass man seine ganze Zeit und sein ganzes Talent in diese Aufgabe steckt. Das Problem kann darauf zurückgeführt werden, dass man vor Beginn der Aufgabe nicht die richtige Einstellung hatte.

Das Gleiche gilt für die Entwicklung Ihres Selbstwertgefühls. Bevor Sie mit der Umsetzung der vielen Taktiken oder Ansätze beginnen, die Ihnen helfen können, Ihr Selbstvertrauen wiederzuerlangen, sollten Sie sich mental auf die langwierige Reise vorbereiten.

Sie müssen einen Schritt zurücktreten und Ihre Situation ehrlich prüfen - wo Sie stehen und wo Sie hinwollen -, dann realistische Ziele setzen und sich verpflichten, diese zu erreichen.

Beachten Sie die folgenden fünf Punkte, die Ihnen helfen, die richtige Einstellung zu entwickeln:

Listen Sie Ihre zehn wichtigsten Errungenschaften auf. Indem Sie diese Liste erstellen, erinnern Sie sich an die Errungenschaften, die Sie erreicht haben, solange Ihr Selbstvertrauen noch nicht erschüttert ist. Die Liste könnte so etwas Einfaches enthalten wie das Bestehen einer Führerscheinprüfung oder einen Beitrag zu Hilfsmaßnahmen in der Gemeinde. Sie sollten eine Kopie dieser Liste griffbereit haben, um sie von Zeit zu Zeit durchzusehen.

Heben Sie Ihre Stärken hervor. Sie können diese Aktivität durchführen, indem Sie Ihre engen Freunde nach ihren Wahrnehmungen Ihrer Stärken und Schwächen befragen. Wenn Sie diese kennen, können Sie besser mit den Chancen und Gefahren umgehen, die sich Ihnen bieten.

Setzen Sie sich vernünftige Ziele. Ihre Ziele sollten realistisch sein und im Rahmen Ihrer

Möglichkeiten liegen. Streben Sie etwas an, das innerhalb Ihrer Möglichkeiten liegt. Dies ist möglich, wenn Sie Vertrauen in Ihre Fähigkeiten gefasst haben.

Kontrollieren Sie Ihren Verstand. Zu diesem Zeitpunkt sollten Sie in der Lage sein, negative Gedanken, die Ihr Selbstvertrauen untergraben könnten, abzuschalten. Sie sollten die Fähigkeit entwickeln, Negativität zu ignorieren und sich auf das Positive zu konzentrieren.

Schritt 1: Geben Sie eine öffentliche Erklärung über Ihr Engagement ab. Dies ist entscheidend - Sie müssen ein aufrichtiges Versprechen abgeben, den Prozess von Anfang bis Ende durchzuziehen.

Schritt 2: Beginnen Sie das Verfahren. Sobald Sie die richtige Einstellung gefunden haben, sind Sie bereit, den ersten Schritt zu tun und das Verfahren zu beginnen. Denken Sie unbedingt daran, dass Sie mit kleinen Schritten beginnen können und sich nicht entmutigen lassen sollten. Sobald Ihr Selbstvertrauen wiederhergestellt ist, können Sie sich mehr

Herausforderungen stellen, als Sie Ihren Fähigkeiten zutrauen.

Schritt 3. Akzeptieren Sie alle Hindernisse. Mit diesem Ansatz können Sie Ihr Selbstwertgefühl allmählich steigern, unabhängig davon, wie gering die Ergebnisse erscheinen.

Mit diesen kleinen Erfolgen in der Tasche können Sie sich in die Lage versetzen, größere Herausforderungen anzunehmen. Wenn Sie sich neuen und größeren Schwierigkeiten stellen, zeigen Sie damit, dass Sie die Fähigkeiten und das Selbstvertrauen besitzen, um sie zu meistern.

Selbstvertrauen entsteht durch Selbstbeherrschung. Mit den richtigen Verhaltensweisen können Sie Ihr Selbstwertgefühl stärken, und ein gesundes Selbstwertgefühl wirkt sich direkt auf Ihr Leben und alles, was Sie tun wollen, aus.

SCHLUSSFOLGERUNG.

Selbstbewusste Führungskräfte haben die unheimliche Fähigkeit, andere für sich zu gewinnen. Es hat sich gezeigt, dass Untergebene unter der Leitung von selbstbewussten Entscheidungsträgern effizienter arbeiten.

Fehlt diese Eigenschaft, verschlechtert sich das interne System eines Unternehmens, und die Mitarbeiter beginnen, die Führung in Frage zu stellen. Infolgedessen wird die Rivalität am Arbeitsplatz gefördert, und eine wertvolle menschliche Ressource geht verloren.

Es wird angenommen, dass ein selbstbewusster Mensch über alles Bescheid weiß. Diese Aussage ist nicht zutreffend. Da selbstbewusste Führungskräfte Menschen aufmuntern, inspirieren sie ihre Mitarbeiter zu Höchstleistungen, da ihre Stärke anderen hilft, etwas zu erreichen.

Es heißt, dass Selbstvertrauen nicht über Nacht entwickelt werden kann. Das bedeutet jedoch nicht, dass es keine Möglichkeit gibt, es zu verbessern. Es ist ein allmählicher Bildungsprozess, der damit beginnt, dass man seine Denkweise ändert und eine neue Perspektive auf das Leben einnimmt.

Erkennen Sie in einem ersten Schritt Ihre Leistungen an. Konzentrieren Sie sich auf Ihre bisherigen beruflichen Erfolge, anstatt sich mit vergangenen Misserfolgen zu beschäftigen. Jammern macht Sie unglücklich.

Es ist nichts falsch daran, sich gelegentlich selbst auf die Schulter zu klopfen. Es hilft bei der Entwicklung des Selbstwertgefühls. Unterschätzen Sie niemals sich selbst oder die Anstrengungen, die Sie unternommen haben, um an diesen Punkt zu gelangen.

Der zweite Schritt besteht darin, Ihre Stärken zu bewerten. Wo glänzen Sie in Ihrem persönlichen und beruflichen Leben? Natürlich gibt es immer eine Möglichkeit, sich zu verbessern. Aber wenn Sie sich auf Ihre Schwächen konzentrieren, wird es auch nicht besser.

Ihr Leben sollte sich auf Ihre Stärken konzentrieren. Fangen Sie an, an sich selbst zu glauben. Lassen Sie zu, dass die kleinen Frustrationen und Enttäuschungen des Tages alle Ihre spektakulären Erfolge überwiegen.

Denken Sie an Ihre Pläne. Was können Sie sich für die nächsten fünf Jahre vorstellen?

Was müssen Sie tun, und wie kommen Sie dorthin?

Erwerben Sie die Fähigkeit, es zu kontrollieren. Mark Victor Hansen sagte: "Warte, bis alles perfekt ist, bevor du weitermachst. Es wird nie ohne Fehler sein. Es wird immer Hindernisse, Schwierigkeiten und nicht ganz so ideale Bedingungen geben.

Was ist der Sinn? Fangen Sie sofort an. Mit jedem Schritt werden Sie stärker, geschickter, selbstbewusster und erfolgreicher."

Management-Fähigkeiten für Manager

1. Zeitmanagement für Manager
2. Mitarbeiter-Coaching für Manager
3. Teambildung für Manager
4. Selbstvertrauen für Manager
5. Verhandlungsgeschick für Manager
6. Kundenservice-Fähigkeiten für Manager
7. Demnächst

www.ingramcontent.com/pod-product-compliance
Lightning Source LLC
Chambersburg PA
CBHW070122230526
45472CB00004B/1371